SYLLABAIRE

DES

ÉCOLES ÉLÉMENTAIRES

D'APRÈS LA MÉTHODE

DE L'ENSEIGNEMENT MUTUEL,

APPROPRIE

A TOUTES LES INSTITUTIONS.

A PARIS,

hez L. COLAS, Libraire de la Société pour
l'instruction élémentaire, rue Dauphine, N° 32.

1823.

AVIS.

Ce Syllabaire, le même que celui dont se compose la série des tableaux employés dans les écoles dirigées par l'enseignement mutuel, avait besoin, pour devenir usuel lors même qu'on ne peut réunir qu'un très-petit nombre d'enfans, d'être présenté sous un autre format.

Les tableaux en effet ont pour but de faire servir le même instrument à l'instruction d'un grand nombre d'élèves; mais, où ce nombre n'existe pas, le tableau cesse d'être également nécessaire. C'est donc aux petites écoles que ce Syllabaire in-18 est spécialement destiné. Son utilité, toutefois, ne sera pas d'une moindre importance pour les enfans des grandes écoles : ils pourront s'en servir pour répéter hors de la classe les exercices auxquels ils auront été occupés; ils hâteront par ce moyen les progrès déjà si rapides qu'ils font chaque jour, et jusqu'à leurs loisirs et leurs récréations, tout sera employé de la manière la plus profitable à l'instruction qu'il importe si fort de leur donner.

Ire Classe. — Lettres majuscules.

A   B   C   D

E   F   G   H

I   J   K   L

M   N   O   P

Q   R   S   T

U   V   X

Y   Z

Iʳᵉ Classe. — Lettres minuscules,

a b c d e f

g h i j k l

m n o p q r

s t u v x y z

a b c d e f g

h i j k l m n

o p q r s t

u v x y z

Iʳᵉ Classe. — Voyelles.

A È É E

I O U

EU OU

AN IN

ON UN

OI

Iʳᵉ Classe. — Voyelles

a è é e

i o u

eu ou an

in on un oi

a è é e

i o u

eu ou an

in on un oi

Iʳᵉ Classe. — Consonnes.

B   P   V   F

M   D   T   N

L   R   Y   GN

Z   S   J   CH

G   C   GU   QU

H

Iʳᵉ Classe. — Consonnes.

b p v f m d
t n l r y gn
z s j ch g
c gu qu h

b p v f m d
t n l r y gn
z s j ch g
c gu qu h

Alphabet pour l'écriture sur le sable.

Majuscules.—Formes droites.

I H T L

E F

Formes angulaires.

A V N M

Z K Y X

Formes courbes.

C O U G J D

P B R Q S

Alphabet pour l'écriture sur le sable.

Minuscules. — Formes droites.

i l

Formes angulaires.

v z k y x

Formes courbes.

c o j f b d

p q r n m h

t u e s g

Iʳᵉ Classe. — Chiffres.

1 2 3 4 5

6 7 8 9 0

10 20 30 40

50 60 70 80 90

11 22 33 44

55 66 77 88 99

IIᵉ Classe. — Syllabaire.

a	è	é	e	i	o	u
ba	bè	bé	be	bi	bo	bu
pa	pè	pé	pe	pi	po	pu
va	vè	vé	ve	vi	vo	vu
fa	fè	fé	fe	fi	fo	fu
ma	mè	mé	me	mi	mo	mu
da	dè	dé	de	di	do	du
ta	tè	té	te	ti	to	tu
na	nè	né	ne	ni	no	nu
la	lè	lé	le	li	lo	lu
ra	rè	ré	re	ri	ro	ru
ya	yè	yé	ye	yi	yo	yu
gna	gnè	gné	gne	gni	gno	gnu
za	zè	zé	ze	zi	zo	zu

IIe Classe. — Syllabaire.

a	è	é	e	i	o	u
sa	sè	sé	se	si	so	su
.	cè	cé	ce	ci	.	.
ja	jè	jé	je	ji	jo	ju
.	gè	gé	ge	gi	.	.
cha	chè	ché	che	chi	cho	chu
ga	.	.	.	.	go	gu
ka	kè	ké	ke	ki	ko	ku
ca	.	.	.	.	co	cu
.	gua	gué	gue	gui		.
qua	què	qué	que	qui	quo	qu
pha	phè	phé	phe	phi	pho	phu
gs cs }	xa	xè	xé	xe	xi	xo	xu
ha	hè	hé	he	hi	ho	hu

IIe Classe. — Syllabaire.

a	e	i	o	u
ab	eb	ib	ob	ub
ap	ep	ip	op	up
af	ef	if	of	uf
am	em	im	om	um
ad	ed	id	od	ud
at	et	it	ot	ut
an	en	in	on	un
al	el	il	ol	ul
ar	er	ir	or	ur
ail	eil			
az	ez	iz	oz	uz
as	ès	is	os	us
ag	eg	ig	og	ug
ac	ec	ic	oc	uc

IIᵉ Classe. — Syllabaire.

beu bou ban bin bon bun boi
peu pou pan pin pon pun poi
veu vou van vin von vun voi
feu fou fan fin fon fun foi
meu mou man min mon mum moi
deu dou dan din don dun doi
teu tou tan tin ton tun toi
neu nou nan nin non nun noi
leu lou lan lin lon lun loi
reu rou ran rin ron run roi
yeu you yan yen yon yun
gneu gnou gnan gnin gnon gnun
zeu zou zan zin zon zun zoi
seu sou san sin son sun soi
jeu jou jan jin jon jun joi
cheu chou chan chin chon chun choi
    gou gan   gon   goi
    cou can   con   coi
gueu   guin   gun
queu   quin   cun
heu hou han hin hon hun hoi

Principes d'écriture.

Principes d'écriture.

Majuscules d'écriture.

A B C D

E F G H

I K L M

N O P Q

R S T U

V X Y

Z W

Minuscules d'écriture.

a b c d e f

g h i j k l

m n o p q r

s t u v x

y z &

1 2 3 4 5 6 7 8 9

IIIᵉ Classe. — Syllabaire.

a	è	é	e	i	o	u
bla	blè	blé	ble	bli	blo	blu
bra	brè	bré	bre	bri	bro	bru
pta	ptè	pté	pte	pti	pto	ptu
pna	pnè	pné	pne	pni	pno	pnu
pla	plè	plé	ple	pli	plo	plu
pra	prè	pré	pre	pri	pro	pru
psa	psè	psé	pse	psi	pso	psu
vra	vrè	vré	vre	vri	vro	vru
fta	ftè	fté	fte	fti	fto	ftu
fla	flè	flé	fle	fli	flo	flu
fra	frè	fré	fre	fri	fro	fru
mna	mnè	mné	mne	mni	mno	mnu
dra	drè	dré	dre	dri	dro	dru
tma	tmè	tmé	tme	tmi	tmo	tmu

IIIᵉ Classe. — Syllabaire.

a	è	é	e	i	o	u
tla	tlè	tlé	tle	tli	tlo	tlu
tra	trè	tré	tre	tri	tro	tru
tsa	tsè	tsé	tse	tsi	tso	tsu
sba	sbè	sbé	sbe	sbi	sbo	sbu
spa	spè	spé	spe	spi	spo	spu
sva	svè	své	sve	svi	svo	svu
sfa	sfè	sfé	sfe	sfi	sfo	sfu
sma	smè	smé	sme	smi	smo	smu
sta	stè	sté	ste	sti	sto	stu
sna	snè	sné	sne	sni	sno	snu
sla	slè	slé	sle	sli	slo	slu
sca	squè	squé	sque	squi	sco	scu
gna	gnè	gné	gne	gni	gno	gnu
gla	glè	glé	gle	gli	glo	glu

IIIe Classe. — Syllabaire.

a	è	é	e	i	o	u
gra	grè	gré	gre	gri	gro	gru
xa	xè	xé	xe	xi	xo	xu
cta	ctè	cté	cte	cti	cto	ctu
cna	cnè	cné	cne	cni	cno	cnú
cla	clè	clé	cle	cli	clo	clú
cra	crè	cré	cre	cri	cro	cru

bleu	blou	blan	blin
blon	blun	bloi	
breu	brou	bran	brin
bron	brun	broi	

pleu	plou	plan	plin
plon	plun	ploi	
preu	prou	pran	prin
pron	prun	proi	

IIIᵉ Classe. — Syllabaire.

pseu	psou	psan	psin
pson	psun	psoi	
vreu	vrou	vran	vrin
vron	vrun	vroi	
fleu	flou	flan	flin
flon	flun	floi	
freu	frou	fran	frin
fron	frun	froi	
dreu	drou	dran	drin
dron	drun	droi	
treu	trou	tran	trin
tron	trun	troi	
speu	spou	span	spin
spon	spun	spoi	

IIIᵉ Classe. — Syllabaire.

steu	stou	stan	stin
ston	stun	stoi	

squeu	scou	scan	squin	scon

gleu	glou	glan	glin
glon	glun	gloi	

greu	grou	gran	grin
gron	grun	groi	

xeu	xou	xan	xin
xon	xun	xoi	

cleu	clou	clan	clin
clon	clun	cloi	

creu	crou	cran	crin
cron	crun	croi	

IIIe Classe. — Syllabaire.

bab	beb	bib	bob	bub
bap	bep	bip	bop	bup
baf	bef	bif	bof	buf
bad	bed	bid	bod	bud
bat	bet	bit	bot	but
bal	bel	bil	bol	bul
bar	ber	bir	bor	bur
bail	beil			
bas	bès	bis	bos	bus
bag	beg	big	bog	bug
bac	bec	bic	boc	buc
paf	pef	pif	pof	puf
pad	ped	pid	pod	pud
pat	pet	pit	pot	put
pal	pel	pil	pol	pul
par	per	pir	por	pur
pail	peil			

IIIe Classe. — Syllabaire.

pas	pès	pis	pos	pus
pag	peg	pig	pog	pug
pac	pec	pic	poc	puc
vaf	vef	vif	vof	vuf
vad	ved	vid	vod	vud
vat	vet	vit	vot	vut
val	vel	vil	vol	vul
var	ver	vir	vor	vur
vail	veil			
vas	vès	vis	vos	vus
vag	vég	vig	vog	vug
vac	vec	vic	voc	vuc
fat	fet	fit	fot	fut
fal	fel	fil	fol	ful
far	fer	fir	for	fur
fail	feil			

IIIᵉ Classe. — Syllabaire.

fas	fès	fis	fos	fus
fac	fee	fic	foc	fuc
maf	mef	mif	mof	muf
mam	mem	mim	mom	mum
mad	med	mid	mod	mud
mat	met	mit	mot	mut
mal	mel	mil	mol	mul
mar	mer	mir	mor	mur
mail	meil			
mas	mès	mis	mos	mus
mac	mec	mic	moc	muc
daf	def	dif	dof	duf
dat	det	dit	dot	dut
dal	del	dil	dol	dul
dar	der	dir	dor	dur
dail	deil			

IIIᵉ Classe. — Syllabaire.

das	dès	dis	dos	dus
dac	dec	dic	doc	duc
taf	tef	tif	tof	tuf
tam	tem	tim	tom	tum
tat	tet	tit	tot	tut
tal	tel	til	tol	tul
tar	ter	tir	tor	tur
tail	teil			
tas	tès	tis	tos	tus
tac	tec	tic	toc	tuc
naf	nef	nif	nof	nuf
nat	net	nit	not	nut
nal	nel	nil	nol	nul
nar	ner	nir	nor	nur
nail	neil			
nas	nès	nis	nos	nus
nac	nec	nic	noc	nuc

IIIᵉ Classe. — Syllabaire.

lab	leb	lib	lob	lub
laf	lef	lif	lof	luf
lam	lem	lim	lom	lum
lad	led	lid	lod	lud
lat	let	lit	lot	lut
lal	lel	lil	lol	lul
lar	ler	lir	lor	lur
lail	leil			
las	lès	lis	los	lus
lag	leg	lig	log	lug
lac	lec	lic	loc	luc
rab	reb	rib	rob	rub
rap	rep	rip	rop	rup
rad	red	rid	rod	rud
rat	ret	rit	rot	rut
ral	rel	ril	rol	rul
rar	rer	rir	ror	rur
rail	reil			

IIIᵉ Classe. — Syllabaire.

ras	rès	ris	ros	rus
rag	reg	rig	rog	rug
rac	rec	ric	roc	ruc
gnal	gnel		gnol	
gnac	gnès		gnoc	
zab	zeb	zib	zob	zub
zaf	zef	zif	zof	zuf
zad	zed	zid	zod	zud
zal	zel	zil	zol	zul
zar	zer	zir	zor	zur
zas	zès	zis	zos	zus
zag	zeg	zig	zog	zug
zac	zec	zic	zoc	zuc
sab	seb	sib	sob	sub
sap	sep	sip	sop	sup
saf	sef	sif	sof	suf
sam	sem	sim	som	sum

IIIe Classe. — Syllabaire.

sad	sed	sid	sod	sud
sat	set	sit	sot	sut
sal	sel	sil	sol	sul
sar	ser	sir	sor	sur
sail	seil			
sas	sès	sis	sos	sus
sag	seg	sig	sog	sug
sac	sec	sic	soc	suc
jab	jeb	jib	job	jub
jar	jer	jir	jor	jur
jas	jès	jis	jos	jus
jag	jeg	jig	jog	jug
chap	chep	chip	chop	chup
chat	chet	chit	chot	chut
chal	chel	chil	chol	chul
char	cher	chir	chor	chur
chas	chès	chis	chos	chus
chac	chec	chic	choc	chuc

IIIᵉ Classe. — Syllabaire.

gab	gueb	guib	gob	gub
gap	guep	guip	gop	gup
gaf	guef	guif	gof	guf
gam	guem	guim	gom	gum
gad	gued	guid	god	gud
gat	guet	guit	got	gut
gal	guel	guil	gol	gul
gar	guer	guir	gor	gur
gail	gueil			
gaz	guez	guiz	goz	guz
gas	guès	guis	gos	gus
gag	gueg	guig	gog	gug
gac	guec	guic	goc	guc
cab	queb	quib	cob	cub
cap	quep	quip	cop	cup
caf	quef	quif	cof	cuf
cam	quem	quim	com	cum
cat	quet	quit	cot	cut

IIIᵉ Classe. — Syllabaire.

cal	quel	quil	col	cul
car	quer	quir	cor	cur
cail	queil			
cas	quès	quis	cos	cus
cag			cog	cug
cac	quec	quic	coq	cuc

beuf	boit	boul	beur
bour	boir	beuil	bouc
pouf	peul	poul	poil
peur	pour	poir	pous
veuf	veut	voit	voul
voil	veur	vour	voir
foul	feur	four	foir
feuil	fouil	fous	fouc
mouf	moul	meur	mour
moir	meuil	mous	mouc
doit	doul	doil	deur
dour	doir	douil	douc

IIIᵉ Classe. — Syllabaire.

toub	teuf	touf	tout
toit	toul	toil	teur
tour	toir	teuil	touil
tous	teug	teuc	touc
noub	neuf	nouf	nout
noit	neul	noul	neur
nour	noir	neuil	nouil
nous	neuc	nouc	gneur
loup	louf	loit	loul
leur	lour	loir	louc
roum	roul	reur	rour
roir	reuil	rouil	rous
soup	seuf	souf	soif
soum	soit	seul	soul
soil	seur	sour	soir
seuil	souil	sous	souc
goub	gouf	gout	goul
gour	gous	gueul	gueur

IIIᵉ Classe. — Syllabaire.

coup	couf	cout	coul
cour	cous	coir	queur
jeur	jour	joug	chouf
cheur	chour	choir	chouc
euf	ouf	oif	oit
eul	oul	oil	oug
eur	our	oir	euc
ouc	anc	inc	onc
apt	aps	eps	ops
alm	elm	olm	ulm
alt	elt	olt	els
alc	erf	orf	art
arc	orc	ast	est
ost	ust	euil	ouil
asc	esc	isc	osc
usc	act	ect	ict
ax	ex	ix	ox
ux	inx	inct	ours

IVᵉ Classe. — Syllabaire.

spla	splé	sple	spli	splo	splu
spra	spré	spre	spri	spro	spru
sfra	sfré	sfre	sfri	sfro	sfru
stra	stré	stre	stri	stro	stru
scla	sclé	scle	scli	sclo	sclu
scra	scré	scre	scri	scro	scru

spleu	splou	sploi	
splan	splin	splon	splun
spreu	sprou	sproi	
spran	sprin	spron	sprun
sfreu	sfrou	sfroi	
sfran	sfrin	sfron	sfrun
streu	strou	stroi	
stran	strin	stron	strun
scleu	sclou	scloi	
sclan	sclin	sclon	sclun
screu	scrou	scroi	
scran	scrin	scron	scrun

IV^c Classe. — Syllabaire.

blar	bler	blir	blor	blur
blas	blès	blis	blos	blus
blac	blec	blic	bloc	bluc
brat	bret	brit	brot	brut
braf	bref	brif	brof	bruf
bral	brel	bril	brol	brul
brar	brer	brir	bror	brur
brail	breil			
bras	brès	bris	bros	brus
brac	brec	bric	broc	bruc
plat	plet	plit	plot	plut
plar	pler	plir	plor	plur
plas	plès	plis	plos	plus
plac	plec	plic	ploc	pluc
prat	pret	prit	prot	prut
pras	près	pris	pros	prus
prag	preg	prig	prog	prug
prac	prec	pric	proc	pruc

IVᵉ Classe. — Syllabaire.

psal	psel	psil	psol	psul
psar	pser	psir	psor	psur
flat	flet	flit	flot	flut
flar	fler	flir	flor	flur
flas	flès	flis	flos	flus
flac	flec	flic	floc	fluc
frap	frep	frip	frop	frup
frat	fret	frit	frot	frut
fral	frel	fril	frol	frul
fras	frès	fris	fros	frus
frag	freg	frig	frog	frug
frac	frec	fric	froc	fruc
vrat	vret	vrit	vrot	vrut
vral	vrel	vril	vrol	vrul
drap	drep	drip	drop	drup
dral	drel	dril	drol	drul
drar	drer	drir	dror	drur

IVe Classe. — Syllabaire.

dras	dres	dris	dros	drus
drac	drec	dric	droc	druc
trap	trep	trip	trop	trup
traf	tref	trif	trof	truf
tral	trel	tril	trol	trul
trar	trer	trir	tror	trur
trail	treil			
tras	très	tris	tros	trus
trac	trec	tric	troc	truc
spat	spet	spit	spot	sput
spal	spel	spil	spol	spul
spar	sper	spir	spor	spur
spas	spès	spis	spos	spus
smat	smet	smit	smot	smut
smal	smel	smil	smol	smul
smar	smer	smir	smor	smur
staf	stef	stif	stof	stuf

IVe Classe. — Syllabaire.

stal	stel	stil	stol	stul
star	ster	stir	stor	stur
stac	stec	stic	stoc	stuc
scal	squel	squil	scol	scul
scar	squer	squir	scor	scur
xam	xem	xim	xom	xum
xal	xel	xil	xol	xul
xar	xer	xir	xor	xur
glat	glet	glit	glot	glut
glar	gler	glir	glor	glur
glas	glès	glis	glos	glus
grab	greb	grib	grob	grub
grat	gret	grit	grot	grut
gral	grel	gril	grol	grul
grar	grer	grir	gror	grur
gras	grès	gris	gros	grus
grac	grec	gric	groc	gruc

IVᵉ Classe. — Syllabaire.

clab	cleb	clib	clob	club
claf	clef	clif	clof	cluf
clat	clet	clit	clot	clut
clar	cler	clir	clor	clur
clas	clès	clis	clos	clus
clac	clec	clic	cloc	cluc
crab	creb	crib	crob	crub
crap	crep	crip	crop	crup
craf	cref	crif	crof	cruf
crad	cred	crid	crod	crud
crat	cret	crit	crot	crut
cral	crel	cril	crol	crul
crail	creil			
cras	crès	cris	cros	crus
crac	crec	cric	croc	cruc

bleur	blour	bloir	blous	blouc
blanc	breur	breuil	brouil	brous

IVe Classe. — Syllabaire.

brouc	pteur	pleut	plant	ploit
pleur	plour	ploir	plous	plomb
prout	preur	prous	prouc	pseur
vreur	vroir	vreuil	fleur	flour
floir	flanc	froid	freur	franc
front	frois	droit	dreur	dreuil
treur	treuil	trouil	trans	tronc
spoir	steur	stour	squeur	scour
gleur	gloir	glous	glouc	grand
greur	greuil	grouil	cloub	cleur
clour	cloir	croup	crois	croit
creur	croir	crous	xeur	xour
belt	bolt	barc	bast	besc
bisc	bosc	busc	parc	porc
pasc	pact	fisc	fox	mars
marc	musc	dax	talc	tact
turc	nerf	laps	lest	lors

IVᵉ Classe. — Syllabaire.

rapt	salm	serf	gex	hart
bourg	peurs	meurs	leurs	linx
seurs	soult	jours	court	cours
brest	stix	grecs	clarc	clerc
xact	pleurs	fleurs	stinct	strict
splar	spler	splir	splor	splur
splas	splès	splis	splos	splus
spral	sprel	spril	sprol	sprul
spras	sprès	spris	spros	sprus
sprac	sprec	spric	sproc	spruc
sfral	sfrel	sfril	sfrol	sfrul
stral	strel	stril	strol	strul
stras	strès	stris	stros	strus
strac	strec	stric	stroc	struc
sclar	scler	sclir	sclor	sclur
scrab	screb	scrib	scrob	scrub
scral	screl	scril	scrol	scrul

Vᵉ Classe. — Syllabaire.

A.			A.		
à	à		acs	lacs lacet	
á	bâton		ast	(St.) Wast	
ha	ha !		ath	Amurath	
ah	ah !		e	femme	
he	hennir		ai	douairière	
as	bas	pas	ao	faone	
	vas	tas	ach	almanach	
	las	gas	achs	almanachs	
	cas	bras		**È.**	
	gras		e	nef	sep
at	bat	rat		bref	est
	chat	plat		zest	
ats	rats	chats	ai	bai	lai
ât	bât	mât		brai	vrai
âts	bâts	mâts		frai	pair
ac	lac		ay	Mornay	

Vᵉ Classe. — Syllabaire.

	È.				È.	
oi	foible		ais	biais	vais
œ	Ætna			fais	mais
ei	peigne			dais	tais
ey	dey	bey		lais	jais
é	cortége			plais	vrais
œ	Corœbe		ois	voulois	
ê	bête		oîs	parois	
aî	maître		eys	deys	beys
oî	connoître		aie	baie	paie
ë	Noël			saie	raie
he	herbe			braie	plaie
ès	près	grès		vraie	claie
es	les	mes		craie	laie
	des	tes	aies	baies	paies
	ses			taies	laies
ais	ais	bais		saies	raies

Vᵉ Classe. — Syllabaire.

	È.			È	
aies	braies	plaies	ait	fait	tait
	vraies	claies		nait	lait
	craies			hait	brait
oient	vouloient			trait	
aye	aye		aits	faits	traits
ayes	ayes		oit	vouloit	
ayent	ayent		êt	têt	prêt
oie	monnoie		êts	têts	prêts
oies	monnoies		aît	plaît	
aid	laid		oît	paroît	
aids	laids	plaids	hait	souhait	
et	met	ret	haits	souhaits	
	jet	cret	est	est	
	guet		ept	sept-mille	
els	mets	rets	ez	lez	
	jets		egs	legs	

Content:

Vᵉ Classe. — Syllabaire.

	È.			E.	
ecs	échecs		hé	hérité	
e t	respect		eh	eh !	
ecs	respects		hei	heiduque	
aix	paix faix		és	dés	prés
	É.		ais	sais	
e	effet		ée	fée	
ai	ai quai		ées	fées	
ay	Aymon		éent	créent	
oi	foiblir		aie	gaie	
œ	Æsope		aies	gaies	
ei	peigné		ef	clef	
œ	fœtus		efs	clefs	
è	zèlé		ed	pied bled	
ê	vêtu		eds	pieds bleds	
aî	aîné		et	et	
ë	Noë		ait	sait	

Vᵉ Classe. — Syllabaire.

	E.			I.	
er	aimer		is	ris	sis
ers	papiers			plis	pris
ez	nez			fris	gris
a	payé			cris	suis
	È.		ys	lys	
es	aimes		ie	pie	vie
ent	aiment			fie	mie
	I.			die	nie
y	Y. Tyr Cyr			scie	prie
ui	vuide			plie	brie
î	dîné			crie	strie
ï	naïf			suie	pluie
hi	hier		ies	pies	vies
hy	hyver			mies	pluies
is	bis	pis		pries	cries
	mis	lis		stries	

Vᵉ Classe. — Syllabaire.

	I.			I.	
ient	plient prient		it	prit	frit
	crient			fuit	nuit
ïe	haie			luit	suit
ïes	haïes		its	dits	lits
ye	ennuye		ît	vît	fît
yes	ennuyes			mît	dît
yent	ennuyent			prît	
hie	trahie		hit	trahit	
hies	trahies		hît	trahît	
id	nid		ist	Jésus-Christ	
ids	nids		il	gril	
if	apprentif		ils	grils	
ifs	apprentifs		iz	riz	
it	vit fit		ic	cric	
	mit dit		ics	crics	
	lit rit		ict	amict	

Vᵉ Classe. — Syllabaire.

I.		O.		
icts	amicts	hau	hauteur	
ix	six-cents	hô	hôtel	
	dix-mille	os	os	vos
O			dos	nos
um	opium		los	gros
ao	aoriste		clos	
au	pau gau	op	trop	syrop
	crau sauf	ops	syrops	
eau	eau beau	aud	baud vaud	
	peau veau		chaud	
	seau	auds	chauds	
oi	oignon	ot	bot	pot
on	Monsieur		lot	sot
ô	rôti		flot	trot
ho	horizon		clot	
oh	oh !	ots	pots	lots

Vᵉ Classe. — Syllabaire.

	O.			O.	
ots	sots	flots	oq	coq-d'Inde	
aut	vaut	faut	oqs	coqs-d'Inde	
	saut	haut	aux	baux	faux
au's	sauts	hauts		chaux	saux
ôt	tôt	rôt		taux	
hos	cahos		eaux	eaux	beaux
hot	cahot			peaux	veaux
hots	cahots			sceaux	
ost	prévost		aulx	faulx	
oth	Goth			**U.**	
oths	Goths		eu	eu	
auld	Arnauld		û	dû	
ault	Arnault		eû	eûmes	
oc	broc	froc	ü	Saül	
	croc		hu	huit	
ocs	brocs	frocs	us	bus	pus

Vᵉ Classe. — Syllabaire.

	U.			U.	
us	fus	mus	hue	cohue	
	dus	tus	hues	cohues	
	lus	sus	ud	nud	crud
	jus	drus	uds	nuds	cruds
	crus		ut	but	put
eus	eus			fut	dut
ue	bue	pue		tut	lut
	vue	mue		rut	sut
	due	tue		chut	plut
	nue	lue		crut	
	rue	sue	uts	buts	
	flue	drue	eut	eut	
	grue	crue	ût	fût	bût
ues	vues	nues		dût	crû
	rues	grues	ûts	fûts	
uent	ruent		eût	eût	

Vᵉ Classe. — Syllabaire.

U.

hut	bahut
huts	bahuts
ust	fust
ul	cul-de-sac
uls	culs-de-sac
ux	flux

EU.

œ	œil
œu	vœu œuf
	bœuf sœur
	cœur
eû	jeûne
heu	heureux
eus	veus peus
eue	feue queue
	bleue

EU.

eues	queues
	bleues
euf	neuf-mille
eufs	neufs
œuf	œuf bœuf
œufs	œufs bœufs
œud	nœud
œuds	nœuds
eut	pleut veut
eur	monsieur
eurs	messieurs
eux	eux peux
	veux deux
	yeux jeux
	bleux creux
œux	vœux

Vᵉ Classe. — Syllabaire.

	OU.			OU.	
ol	fol	mol	oue	troue	cloue
	sol	col	oues	boues	toues
aou	saouler			roues	joues
où	où			proues	
oû	goùter	soùler	ouent	vouent	
aoû	aoùteron			touent	
août	août			louent	
ous	bous	pous		trouent	
	vous	fous		clouent	
	mous	nous	oup	loup	coup
	sous		oups	loups	coups
ols	sols	tols	oud	moud	coud
oue	boue	voue	ouds	mouds	couds
	moue	toue	out	bout	tout
	loue	roue		brout	
	joue	proue	outs	bouts	

Vᵉ Classe. — Syllabaire.

OU.		AN.	
oût	moùt goùt	am	jambon
	coùt	en	enfer
oûts	goùts	em	emploi
oul	Arnoul	aen	Caen
ouls	pouls	ean	Jean
oût	soùl	aon	paon faon
oûls	soùls		Laon
aoul	saoul	han	Ispahan
ould	Arnould	ham	Hambourg
oult	Arnoult	hen	Henri
oug	joug	ans	bans pans
oux	poux foux		vans mans
	doux toux		dans plans
	roux choux		crans
	troux cloux	ens	mens sens
	glougloux		gens

Ve Classe. — Syllabaire.

	AN.		AN.
ems	tems	ant	plant
aons	paons faons	ants	chants gants
amp	champ camp		plants
amps	champs	ent	vent ment
	camps		dent lent
	namps		sent
emps	temps	ents	vents dents
and	gand gland		lents
	grand	empt	exempt
ands	glands	empts	exempts
	grands	ang	rang sang
end	pend vend	angs	rangs
	rend	eng	hareng
ends	pends vends	engs	harengs
	rends	anc	banc blanc
ant	chant gant		flanc franc

Ve Classe. — Syllabaire.

AN.			IN.		
ancs	bancs blancs		ain	sain	gain
	flancs francs			plain	train
IN.				grain	
im	impur		aim	faim	daim
en	bien vien		ein	rein	sein
	mien tien			plein	frein
	lien rien		eim	Reims	
	païen sien			vinrent	
	chien gien		in	Caïn	
em	lemta		hin	Hindoux	
yn	syndic		ins	pins	vins
ym	tympan			fins	lins
	thym			brins	
ain	bain pain		ens	biens	viens
	vain main			miens	tiens
	tain nain			liens	riens

Vᵉ Classe — Syllabaire.

IN.		IN.	
ens	siens chiens	aint	craint
yms	thyms	eint	peint feint
ains	bains pains		teint
	vains mains	eints	peints feints
	nains gains		teints
	trains grains	ing	poing
aims	daims	ings	poings
cins	reins seins	eing	seing
	pleins freins	eings	seings
int	vint tint	ingt	vingt
	quint	ainc	vainc
ints	quints	aincs	vaincs
ent	vient tient	inct	instinct
in	vinssent	incts	instincts
tit	vint tint	inq	cinq mille
aint	saint plaint		

Vᵉ Classe. — Syllabaire.

ON.

om	nom
un	punch sund
um	rumb de vent
aon	taon St.-Laon
hon	Mahon
hum	Humbert
ons	bons dons
	sons flons
oms	noms
omb	plomb
ombs	plombs
ond	bond pond
	fond tond
	rond gond

ON.

ond	blond
onds	bonds ponds
	fonds ronds
	gonds blonds
ont	ont pont
	vont font
	mont dont
	sont front
onts	ponts monts
	fronts
ompt	prompt
	rompt
ompts	prompts
ong	long

Vᵉ Classe. — Syllabaire.

ON.		OI.	
engs longs		oê boête	
onc jonc		ois bois	pois
oncs joncs		vois	fois
UN.		mois	dois
um parfum		lois	rois
eûn jeùn		blois	crois
hum humble		eoit surseoit	
uns Huns bruns		eois surseois	
ums parfums		oîs croîs	
unt défunt		oie oie	voie
unts défunts		foie	noie
OI.		soie	joie
oy foy		broie	ploie
oi seoir		proie	troie
oi goître		croie	

Vᵉ Classe. — Syllabaire.

OI.

			OI.		
oies	voies	foies	eoient	surseoient	
	soies	joies	oid	froid	
	noies	broies	oids	poids	froids
	froies		oit	boit	voit
	ploies	croies		doit	toit
oient	voient			droit	croit
	noient		oits	toits	droits
	broient		oît	croît	
	ploient		oigt	doigt	
	croient		oigts	doigts	
oye	oye	roye	oix	poix	voix
	croye			choix	loix
oyes	Troyes			hoix	croix
eoie	surseoie		oy	loyal	
eoies	surseoies				

Vᵉ Classe. — Syllabaire.

Monosyllabes dont la première voyelle est très-brève.

foin	loin	soin	coin	groin.
oint	point	joint.	oins	poins
foins	moins	soins	joins	coins.
oints	points	joints.	coing.	coings.
suin	juin.	fui	nui	lui
cui.	puy.	fuie	suie	pluie.
truie.	suif	juif.	muid.	fuit
nuit	luit	suit	cuit	huit
bruit	fruit.	fuir	cuir.	buis
puis	fuis	nuis	luis.	suis
cuis	huis	muids.	puits	nuits.
juan.	rouet.	oui	joui.	ouit
jouit.	ouir	jouir.	ouis	jouis.

Vᵉ Classe. — Syllabaire.

	B.			T.
bb	abbé		th	luth
	P.		pt	sept
pp	appas		tt	frotté
	V.			**N.**
f	neuf-ans		mn	damné
w	St.-Wast		gn	signet
	F.		nn	donné
ff	griffon			**L.**
ph	aleph		ll	aller
	sphinx		ls	bals pals
fs	ifs			poils
	M.			**R.**
mm	commis		rh	Rhin
	T.		rr	arrêt
d	grand-àge		rs	pars vers
th	thé, thon			fers feurs

Vᵉ Classe. — Syllabaire.

	R.			R.	
rs	fours	mers	rd	vard	dard
	mors	murs		fard	nord
	dors	durs		nard	tard
	tors	tiers		lard	
	tours	noirs		lourd	
	loirs	sœurs		sourd	
	chars	chers		gourd	
	gers	gars	rds	bords	
	cors	hors		mords	
	cœurs			verds	
rrh	arrhé			dards	
rps	corps			lards	
rf	cerf			lourds	
rfs	cerfs			sourds	
rd	bard	perd		gourds	
	bord	verd		perds	

Vᵉ Classe. — Syllabaire.

	R.			Y.	
rt	art	part	i	pié	pion
	port	fort		vieux	
	dort	tort		viens	fia
	mort			fié	fieu
	meurt			mieux	
	sort	sourt		mien	
rts	arts	parts		Dieu	
	ports	forts		Dion	
	morts	sorts		tien	nia
	courts			nié	biou
rgs	bourgs			niou	
rcs	porcs			niant	lia
	marcs			lié	lieu
	clercs			pieu	cieux
		Y.		lion	liant
i	bien	bion		lien	rien

Vᵉ Classe. — Syllabaire.

Y.		Z.
rions	s	rusé
Riom	x	deux-ans
Sion sien		six-ans
Gien		dix-ans
chien viol		je veux aller
sied		**S.**
ï	païen	t	nation
ı	mil grain de	z	Rodez
ill	briller	c	ce ci
bailler		ceux cep
il	ail bail		cid cil
gl	imbroglio		Cyr
hi	cahier	ç	ça
l'h	Milhaud	sc	scel scie
ls	mils périls	sç	sçu sçus
ils	détails	x	Auxerre

Vᵉ Classe. — Syllabaire.

S.		C.	
x	dix six	k	kan
tz	Metz Retz	cqu	abecqua
sth	asthme	ck	Yorck
ss	assez	ch	Christ
J.			loch
g	gît ci-gît	cc	accord
	geint	cs	bacs lacs
CH.			sacs secs
sch	schisme	qs	coqs
G.		**GU**	
gue	guenon		
c	czar	g	gai
ch	drachme	**QU**	
C.		c	cube cœur
qu	que quand	cu	écueil
	quoi quart	ch	chœur
	quatre	k	kyrie
g	sang et eau	cqu	acquit
	rang	cc	occupé
q	coq cinq	ccu	accueil

VIᵉ Classe. — Vocabulaire.

bam-bin	tam-pon	ta-lon
bam-bou	fé-tu	mou-lin
bon-bon	ti-mon	mi-lan
pe-pin	mou-ton	mé-tal
pou-pon	é-té	fa-nal
é-pi	bu-tin	li-non
a-pi	bouton	ou-bli
pa-vé	bon-té	me-lon
fan-fan	à-non	ba-ron
ma-man	me-nu	bu-rin
a-mi	ve-nin	ru-ban
pou-mon	fa-non	ra-vin
din-don	a-lun	fri-pon
dé-mon	é-lan	fron-ton
de-vin	bal-lon	a-bri
bou-din	bi-lan	tur-ban
bi-don	la-pin	tré-pan
é-tui	pi-lon	four-mi
pa-tin	ti-lon	fé-mur
pan-tin	fou-lon	par-fum
pon-ton	ti-lou	flo-rin

VIe Classe. — Vocabulaire.

lu-trin	pis-ton	je-ton
bour-don	sa-fran	ju-bé
lar-don	san-dal	don-jon
pour-tour	ris-ban	bou-chon
a-vril	sa-pin	bi-chon
ba-bil	sul-tan	char-bon
fe-nouil	sou-dan	che-val
ro-gnon	si-gnal	che-min
tro-gnon	sub-til	four-che
mi-gnon	sou-pir	ar-che
pi-gnon	plas-tron	mar-che
zé-ro	ju-pon	per-che
a-zur	jar-din	pé-ché
ba-zar	jas-min	man-chon
vi-zir	jam-bon	tor-chon
sou-pé	ja-lon	fi-chu
se-rin	ma-jor	che-nal
sa-von	ja-lap	chi-gnon
san-té	ba-jou	char-don
sa-lon	bi-jou	ga-lon
sa-blon	jour-nal	dra-gon

VIe Classe. — Vocabulaire.

jar-gon	ca-dran	cu-ré
bou-gran	car-ton	co-quin
gour-din	car-lin	ta-quin
é-gal	ca-non	trus-quin
gou-dron	con-tour	tur-quin
gro-gnon	bo-cal	quin-tal
gno-mon	ca-nal	ma-tin
cha-grin	lo-cal	mà-tin
fru-gal	cou-pon	pà-té
lé-gal	cor-don	pà-te
gre-nu	co-chon	pat-te
gue-non	é-cran	hà-le
ca-fé	scru-tin	hal-le
cor-nu	toc-sin	a-mas
tric-trac	car-don	ra-mas
as-pic	clar-té	com-pas
bal-con	do-guin	da-mas
flo-con	bé-guin	fa-tras
fla-con	gui-don	ma-tras
gas-con	gui-gnon	plà-tras
cro-chu	re-quin	re-pas

VIᵉ Classe. — Vocabulaire.

tré-pas	man-dat	ju-lep
ca-bas	mé-plat	sa-lep
a-chat	mus-cat	bri-ef
bé-at	or-geat	gri-ef
cal-fat	pri-mat	re-lief
ca-rat	qua-drat	i-tem
cli-mat	ra-bat	Al-fred
com-bat	ra-chat	au-tel
com-tat	sé-nat	châ-tel
con-trat	sol-dat	chep-tel
cra-chat	a-chats	cru-el
dé-bat	bé-ats	dé-gel
du-cat	cal-fats	du-el
é-clat	ca-rats	hô-tel
for-mat	cli-mats	Mar-tel
gou-jat	com-bats	Mi-chel
gra-bat	sol-dats	mis-sel
gre-nat	dé-gat	pas-tel
in-grat	dé-gats	scal-pel
ju-rat	ta-bac	a-mer
lé-gat	ta-bacs	can-cer

VIe Classe. — Vocabulaire.

en-fer	de-frai	pa-nais
fra-ter	rem-blais	pu-nais
Mes-ser	dé-blais	ra-bais
pa-ter	é-tai	re-lais
con-seil	pei-gne	au-naie
or-teil	No-ël	chê-naie
pa-reil	pro-grès	cou-draie
ré-veil	con-grès	é-taie
so-leil	pro-fès	frê-naie
som-meil	a-près	fu-taie
ver-meil	dé-cès	or-fraie
a-vec	cy-près	saus-saie
é-chec	ex-près	trem-blaie
re-bec	pro-cès	bou-laie
Bol-bec	suc-cès	au-naies
ab-ject	é-pais	bou-laies
di-rect	ja-mais	chê-naies
in-fect	la-quais	cou-draies
cor-rect	ma-rais	chan-taient
ba-lai	mau-vais	dan-saient
dé-blai	pa-lais	por-taient

VIᵉ Classe. — Vocabulaire.

di-raient	bre-vet	cro-quet
vou-draient	bri-quet	dé-chet
pour-raient	bro-chet	dé-cret
ar-chet	bru-net	dro-guet
ar-met	buf-fet	du-vet
au-get	ca-det	ef-fet
bal-let	ca-chet	feuil-let
ban-quet	ca-quet	fi-chet
ba-quet	che-net	fi-let
bar-bet	chi-quet	fleu-ret
bas-set	cli-quet	fo-ret
bau-det	cof-fret	fu-met
bi-det	col-let	fu-ret
bei-gnet	co-quet	ga-let
bil-let	cor-net	bi-bet
bi-quet	cor-set	gi-let
bi-set	co-tret	go-det
blu-et	cou-plet	go-ret
bon-net	creu-set	gour-met
bos-quet	cri-quet	gous-set
bou-quet	cro-chet	gui-chet

VIe Classe. — Vocabulaire.

ha-quet	poi-gnet	vo-lets
ho-chet	pou-let	pou-lets
ho-quet	pré-fet	ro-quets
jay-et	pro-jet	at-trait
jo-net	re-gret	bien-fait
li-vret	re-jet	ex-trait
la-cet	ro-chet	for-fait
mail-let	ro-quet	mal-fait
mil-let	rô-let	mé-fait
mo-tet	se-cret	par-fait
mous-quet	son-net	por-trait
mu-guet	souf-flet	re-trait
mu-let	su-jet	ren-trait
na-vet	to-quet	at-traits
on-glet	tou-pet	bien-faits
our-let	tra-jet	for-faits
pa-let	tran-chet	vou-lait
pa-quet	va-let	pou-vait
pi-quet	ver-set	be-nêt
pla-cet	vo-let	fo-rêt
plu-met	va-lets	pro-tet

VIe Classe. — Vocabulaire.

ar-rêt	No-é	an-née
be-nêts	pâ-tés	co-gnée
fo-rêts	ca-fés	jour-née
sou-hait	pa-vés	poi-gnée
sou-haits	bor-dée	sai-gnée
ef-fet	cou-dée	tour-née
ef-fort	on-dée	é-pée
ex-cès	bou-chée	lam-pée
j'ai-mai	ni-chée	lip-pée
j'ai-dai	gor-gée	pou-pée
j'al-lai	ran-gée	beur-rée
j'en-trai	al-lée	den-rée
vê-tu	cou-lée	du-rée
tê-tu	cu-lée	en-trée
fê-té	ge-lée	li-vrée
rê-vé	mê-lée	mu-rée
pê-ché	val-lée	poi-rée
prê-ché	vo-lée	pu-rée
bê-ché	ar-mée	soi-rée
aî-né	fu-mée	bru-née
gaî-té	ra-mée	pen-sée

VIe Classe. — Vocabulaire.

pin-cée	plan-cher	fer-mier
je-tée	por-cher	fi-guier
por-tée	ro-cher	frui-tier
nu-ée	va-cher	gan-tier
ca-vée	ber-ger	geo-lier
cor-vée	dan-ger	gi-bier
cu-vée	sin-ger	go-sier
cou-vée	ver-ger	gre-nier
tra-vée	a-cier	huis-sier
bor-dées	à-nier	hui-lier
cou-dées	ban-quier	lan-cier
on-dées	chan-tier	le-vier
bou-chées	char-tier	lau-rier
ar-cher	col-lier	li-mier
bû-cher	cor-dier	mé-tier
bou-cher	cor-mier	meu-nier
clo-cher	cour-sier	mou-tier
cou-cher	cour-tier	pa-lier
gau-cher	cu-vier	pal-mier
no-cher	da-mier	pa-pier
pê-cher	de-nier	pau-mier

VIe Classe. — Vocabulaire.

plu-vier	a-vis	par-vis
poi-rier	chàs-sis	pon-cis
pour-pier	cher-vis	pour-pris
pru-nier	com-mis	rou-lis
ra-mier	cou-lis	ru-bis
ro-sier	cou-tis	sal-mis
rou-lier	dé-bris	sou-cis
rou-tier	dé-pris	sou-ris
se-tier	mé-pris	sur-vis
sor-cier	der-vis	sur-plis
sou-lier	de-vis	ta-bis
van-nier	ha-chis	tail-lis
tri-pier	lam-bris	ta-mis
vi-vier	lat-tis	ta-pis
bou-chers	le-vis	tau-dis
clo-chers	lo-gis	treil-lis
ro-chers	ma-cis	ver-nis
ban-quiers	mar-quis	De-nys
chan-tiers	no-lis	pa-ys
char-tiers	oc-cis	lu-bie
a-nis	Pa-ris	bou-gie

VIᵉ Classe. — Vocabulaire.

or-gie	fée-rie	rô-tie
vi-gie	fé-rie	sor-tie
bouil-lie	frai-rie	en-vie
fo-lie	fu-rie	Syl-vie
ou-blie	hoi-rie	ou-ïe
pou-lie	la-trie	bou-gies
scho-lie	mai-rie	or-gies
a-mie	Ma-rie	fo-lies
chi-mie	pai-rie	ac-quit
la-mie	pa-trie	bis-cuit
mo-mie	prai-rie	cha-lit
tré-mie	sco-rie	cir-cuit
char-pie	sé-rie	con-duit
co-pie	tue-rie	con-flit
har-pie	voi-rie	cré-dit
im-pie	mes-sie	dé-bit
pé-pie	tur-cie	dé-dit
rou-pie	ves-sie	dé-lit
tou-pie	hos-tie	dé-pit
ca-rie	or-tie	é-dit
cric-rie	par-tie	es-prit

VIᵉ Classe. — Vocabulaire.

ha-bit	bau-det	bou-leau
mi-nuit	fau-con	bour-reau
pe-tit	jau-ne	ca-deau
pro-fit	sau-teur	cha-peau
pros-crit	sau-veur	car-reau
ré-cit	tau-pier	ca-veau
ré-duit	é-tau	chaî-neau
res-crit	boy-au	cha-meau
ré-pit	flé-au	chan-teau
ac-quits	glu-au	châ-teau
bis-cuits	a-gneau	chau-deau
cir-cuits	ap-peau	che-vreau
o-pium	an-neau	cla-veau
al-bum	ban-deau	co-peau
græ-cum	bar-reau	cor-beau
vau-tour	be-deau	cor-deau
au-bier	ber-ceau	co-teau
au-cun	bi-seau	cou-teau
aus-tral	blai-reau	cré-meau
au-tel	blu-teau	cré-neau
au-teur	bois-seau	cu-veau

VIᵉ Classe. — Vocabulaire.

dra-peau	nou-veau	ruis-seau
fais-ceau	or-meau	sim-bleau
far-deau	oi-seau	su-reau
flam-beau	pan-neau	ta-bleau
four-reau	per-dreau	tau-reau
fu-seau	pin-ceau	tom-beau
gà-teau	pi-peau	ton-neau
gru-meau	pla-teau	trai-neau
ha-meau	poi-reau	tré-teau
hou-seau	pom-meau	trou-peau
ju-meau	pon-ceau	trous-seau
lam-beau	po-teau	tru-meau
lin-teau	pour-ceau	vais-seau
man-teau	pru-neau	ra-meau
mar-teau	ra-deau	ver-seau
moi-neau	ra-teau	a-gneaux
mon-ceau	ré-seau	an-neaux
mor-ceau	ri-deau	ban-deaux
mu-seau	ron-deau	hon-neur
na-seau	rou-leau	hon-ni
ni-veau	ro-seau	hor-reur

VIe Classe. — Vocabulaire.

hô-tel	ta-raud	lin-got
hô-te	cra-pauds	li-not
dis-pos	ni-gauds	lai-rot
é-clos	er-got	ma-got
en-clos	bi-got	man-chot
for-clos	brû-lot	mar-got
hé-ros	ca-chot	mar-mot
pro-pos	cail-lot	mi-not
re-pos	ca-not	ma-lot
cla-baud	ca-pot	mu-lot
cour-taud	chi-cot	pa-lot
cra-paud	cu-lot	pi-lot
gri-maud	dé-vot	pi-rot
ni-gaud	é-cot	pou-lot
noi-raud	fa-got	ra-got
pa-taud	fa-lot	ra-bot
pe-naud	fli-pot	sa-bot
pi-taud	gar-rot	sa-rot
ré-chaud	gou-lot	tri-pot
rus-taud	gre-lot	tur-bot
soû-laud	ja-bot	er-gots

VIᵉ Classe. — Vocabulaire.

bi-gots	ru-raux	ta-lud
brû-lots	si-gnaux	bar-bue
a-vant	to-taux	bat-tue
dé-faut	vais-seaux	ber-lue
lour-daud	vi-taux	bé-vue
hé-raut	a-bus	ci-guë
le-vraut	abs-trus	cor-nue
sur-saut	ca-lus	is-sue
as-sauts	ca-mus	lai-tue
dé-fauts	con-fus	mas-sue
lour-dauds	des-sus	re-crue
bo-caux	dif-fus	re-pue
ca-naux	é-cus	re-vue
che-vaux	ex-clus	sang-sue
co-raux	in-clus	sta-tue
cris-taux	in-fus	te-nue
é-gaux	in-trus	tor-tue
fa-naux	Jé-sus	ver-rue
lo-caux	ob-tus	cor-nues
mé-taux	per-clus	re-muent
roy-aux	sur-plus	sa-luent

VIe Classe. — Vocabulaire.

dé-but	bou-eux	lai-neux
re-but	bour-beux	lai-teux
sa-lut	ca-gneux	lé-preux
scor-but	coû-teux	li-gneux
tri-but	cras-seux	miel-leux
sta-tut	dar-treux	mor-veux
dé-buts	fà-cheux	mous-seux
re-buts	fa-meux	ner-veux
a-veu	fan-geux	ni-treux
che-veu	fi-breux	nou-eux
en-jeu	fou-gueux	oi-seux
Hé-breu	gà-cheux	os-seux
mor-bleu	glai-reux	pà-teux
moy-eu	ga-leux	pe-neux
ne-veu	gout-teux	peu-reux
a-veux	hai-neux	pi-teux
che-veux	har-gneux	plà-treux
en-jeux	heu-reux	pom-peux
af-freux	hi-deux	po-reux
a-queux	hon-teux	pou-dreux
boi-teux	hui-leux	quin-teux

VIᵉ Classe. — Vocabulaire.

sé-reux	é-crouent	s'en-fuir
soi-gneux	en-clouent	en-grais
soy-eux	en-rouent	en-nui
spon-gieux	se-couent	en-tour
squir-reux	sur-tout	en-trait
tei-gneux	par-tout	en-trée
ter-reux	va-tout	en-vers
va-seux	é-gout	en-vie
ven-teux	dé-goût	en-voi
ver-beux	ra-goût	len-teur
vi-neux	é-goûts	sen-teur
ab-sous	dé-goûts	ten-ter
des-sous	ra-goûts	ren-dre
dis-sous	en-fin	ten-dre
ba-choue	en-ter	em-blée
Cor-doue	en-clos	em-pan
ba-joue	en-cor	em-peau
Man-toue	en-cre	em-pli
a-vouent	en-droit	em-ploi
dé-nouent	en-duit	em-pois
é-chouent	en-fler	ru-bans

VIᵉ Classe. — Vocabulaire.

ca-drans	mor-dant	tri-dent
au-tans	pen-dant	ta-lent
bri-sans	ren-dant	tor-rent
de-dans	mé-chant	ser-pent
en-fans	tru-chant	ar-pent
ro-mans	a-vant	pa-rent
te-nans	tou-chant	ab-sent
en-cens	tran-chant	con-tent
bon-sens	né-ant	sou-vent
dé-pens	de-vant	a-vent
pa-rens	trem-blant	ar-dents
bri-gand	pour-tant	pru-dents
cha-land	trai-tant	tri-dents
fri-and	rê-vant	ai-rain
mar-chand	sai-gnant	au-bain
tru-and	fon-dants	cer-tain
bri-gands	men-dants	châ-tain
cha-lands	pen-dants	cou-vain
fri-ands	ar-dent	dé-dain
mar-chands	chien-dent	de-main
fon-dant	pru-dent	dou-zain

VIe Classe. — Vocabulaire.

es-saim	hu-mains	mor-fond
é-tain	par-rains	ré-pond
fo-rain	pou-lains	pla-fonds
fu-sain	es-saims	faux-bonds
Ger-main	par-vint	con-fonds
hu-main	con-tint	ré-ponds
le-vain	ob-tint	af-front
loin-tain	sur-vint	af-fronts
mal-sain	par-vìnt	a-bois
mon-dain	con-tìnt	an-chois
par-pain	ob-tìnt	Ar-tois
par-rain	é-teint	car-quois
pou-lain	en-freint	cha-mois
pro-chain	res-treint	Chi-nois
qua-train	é-teints	cour-tois
quin-tain	en-freints	Da-nois
re-frain	bou-bons	em-pois
re-gain	bar-bons	Fran-çois
Ro-main	pla-fond	Gau-lois
vi-lain	faux-bond	Gé-nois
ur-bain	con-fond	gra-vois

VIᵉ Classe. — Vocabulaire.

gri-vois	rab-bin	com-mis
har-nois	sab-bat	flam-me
haut-bois	na-bab	com-me
Hon-grois	na-babs	hom-me
char-bons	ap-pas	gom-me
ma-tois	ap-pel	pom-me
mi-nois	ap-puis	som-me
pa-tois	frap-pé	Vau-dois
pa-rois	hap-pé	thê-me
pu-tois	grip-pé	Thé-mis
sour-nois	grif-fon	é-ther
Sué-dois	ef-fet	é-thiops
tour-noi	of-frir	com-pte
Sa-voie	souf-frir	prom-pte
lam-proie	ca-nifs	bat-te
a-droit	cap-tifs	chat-te
dé-troit	stro-phe	jat-te
en-droit	touf-fe	lat-te
ex-ploit	gref-fe	pat-te
en-droits	chif-fre	bet-te
dé-troits	chif-fe	bret-te

VIᵉ Classe. — Vocabulaire.

det-te	al-ler	ter-re
cui-te	bal-le	ver-re
quit-te	mal-le	squir-re
bot-te	hal-le	beur-re
côt-te	sal-le	leur-re
flot-te	stal-le	feur-re
hot-te	bel-le	bâ-tard
sot-te	el-le	ba-vard
trot-te	viel-le	Ba-yard
lut-te	col-le	Ber-nard
don-ner	fol-le	bil-lard
An-ne	mol-le	bla-fard
ban-ne	bul-le	bou-vard
can-ne	rhu-me	brail-lard
Jean-ne	rhé-teur	bran-card
pan-ne	ar-rêt	bro-card
man-ne	bar-re	brouil-lard
ren-ne	guer-re	ca-fard
bon-ne	pier-re	ca-gnard
don-ne	lier-re	ca-mard
ton-ne	ser-re	ca-nard

VIᵉ Classe. — Vocabulaire.

cor-nard	ri-chard	Ro-bert
cri-ard	rin-gard	ef-fort
é-gard	vieil-lard	rai-fort
fro-card	bà-tards	ren-fort
fuy-ard	ba-vards	res-sort
gail-lard	bil-lards	trans-port
ha-gard	bran-cards	bras-sarts
han-gar	bras-sart	dé-parts
ha-sard	dé-part	é-carts
hous-sard	é-cart	con-certs
lé-sard	ja-vart	cou-verts
mi-gnard	rem-part	ef-forts
pen-dard	con-cert	res-sorts
pi-card	cou-vert	trans-ports
pil-lard	dé-sert	fau-bourg
pé-tard	des-sert	Cher-bourg
pla-card	di-sert	Ham-bourg
pui-sard	ex-pert	fau-bourgs
re-gard	Lam-bert	bril-ler
re-nard	ou-vert	pil-ler
re-tard	pi-vert	gril-ler

VIᵉ Classe. — Vocabulaire.

er-cail	fe-nouil	croi-sée
é-tail	con-seils	fu-sée
ca-mail	pa-reils	pe-sée
co-rail	ré-veils	ri-sée
dé-tail	bou-vreuils	ro-sée
é-mail	bail-ler	bai-ser
poi-trail	rail-ler	bla-ser
por-tail	fail-lir	boi-ser
sé-rail	brail-ler	bri-ser
tra-vail	mouil-ler	cau-ser
ven-tail	souil-ler	croi-s er
bou-vreuil	ai-sé	fri-ser
cer-feuil	boi-sé	lé-ser
che-vreuil	fri-sé	pui-ser
fau-teuil	ru-sé	vi-ser
lin-ceul	toi-sé	choi-si
ac-cueil	bla-sé	moi-si
cer-cueil	bri-sé	sai-si
é-cueil	ca-sé	A-sie
or-gueil	croi-sé	sai-sie
re-cueil	lé-sé	bla-son

VIᵉ Classe. — Vocabulaire.

cloi-son	cin-tre	gla-çon
foi-son	cir-cuit	ma-çon
gri-son	cir-que	pin-çon
mai-son	ci-seau	poin-çon
oi-son	ci-té	su-çon
poi-son	cis-tre	tron-çon
pri-son	ci-tron	soup-çon
rai-son	ci-re	ran-çon
sai-son	ci-vil	tan-çoir
ti-son	fian-cé	re-çu
toi-son	ly-cée	dé-çu
ce-drat	ce-ci	per-çu
ce-lui	mer-ci	con-çu
cé-ment	sou-ci	gé-ant
cen-dre	sour-cil	schis-me
cè-ne	or-çà	drach-me
cer-neau	de-çà	e-xil
cer-tain	for-çat	Ba-ruch
cer-veau	ar-çon	Lu-beck
ci-guë	fa-çon	ai-gu
ci-mier	gar-çon	cais-son

VIIᵉ Classe. — Vocabulaire.

im-bi-bé	syl-la-be
pro-hi-bé	ter-ri-ble
dé-ro-bé	ap-pau-vrir
em-bour-bé	ap-pé-tit
re-cour-bé	ap-plau-dir
ab-sor-bé	ap-por-ter
ai-ma-ble	é-qui-pé
al-pha-bet	tu-li-pe
a-ra-be	syn-co-pe
blâ-ma-ble	cha-lou-pe
bom-bar-der	é-tou-pe
cé-lè-bre	dé-cou-pé
co-lom-be	é-chap-pé
en-le-vé	at-trap-pé
res-sem-bler	dé-pra-vé
sem-bla-ble	en-tra-vé
sol-va-ble	sou-le-vé

VIIᵉ Classe. — Vocabulaire.

é-le-vé	a-bla-tif
ap-prou-ver	vo-ca-tif
ob-ser-ver	vo-mi-tif
as-sou-vir	a-dop-tif
cul-ti-vé	é-touf-fé
dé-pour-vu	at-ten-tif
so-li-veau	ad-jec-tif
sur-vi-vre	blas-phê-me
Pha-é-ton	dé-fai-re
Pha-ra-on	é-chauf-fé
af-fec-té	tri-om-phant
af-fer-mir	en-flam-mé
af-fir-mer	com-man-dé
af-fi-cher	sys-tè-me
ef-fec-tif	es-cri-me
of-fen-sif	es-ti-me
of-fus-qué	vic-ti-me

VIIᵉ Classe. — Vocabulaire.

a-bî-me	ri-che-ment
en-clu-me	ron-fle-ment
a-lar-mé	sa-cre-ment
im-pri-mé	sa-ge-ment
as-som-mé	sen-ti-ment
re-nom-mé	sim-ple-ment
sur-nom-mé	so-bre-ment
sup-pri-mé	su-bli-me
am-ple-ment	sû-re-ment
ar-gu-ment	ten-dre-ment
cam-pe-ment	vé-hé-ment
com-pro-mis	ab-sur-de
dé-sar-mé	mou-tar-de
ré-for-mé	splen-di-de
in-for-mé	of-fran-de
con-for-mé	im-mon-de
ré-gle-ment	bom-bar-der

VIIe Classe. — Vocabulaire.

dé-vi-dé	re-gret-ter
bri-ga-dier	thé-à-tral
Clo-til-de	promp-te-ment
gui-dà-ne	es-comp-te
a-ban-don	at-tris-té
ac-ci-dent	é-cla-té
con-fi-dent	a-dop-té
con-fon-du	a-bat-tu
dé-cou-dre	ac-tri-ce
dé-dai-gner	ad-met-tre
dé-fen-dre	al-bà-tre
se-con-dant	an-cê-tre
di-la-té	ar-tis-te
en-tê-té	as-sis-tant
re-dou-té	as-sor-tir
con-tes-ter	at-ten-dre
dé-tes-ter	at-tri-but

VIIᵉ Classe. — Vocabulaire.

aug-men-ter	sal-pê-tre
ca-che-té	sé-duc-teur
cap-ti-ver	sec-ta-teur
con-dui-te	ser-van-te
con-nai-tre	somp-tu-eux
con-train-te	sou-hai-ter
dé-bi-teur	spec-ta-teur
dé-mon-té	tes-ta-ment
dé-mon-tré	trai-te-ment
dic-ta-teur	trans-por-té
dis-pu-té	trom-pet-te
doc-tri-ne	faus-se-té
re-gis-tre	vo-lon-té
re-mon-tré	zé-la-teur
noi-râ-tre	u-ni-té
sa-cris-tain	in-fi-ni
sain-te-té	va-ni-té

VIIe Classe. — Vocabulaire.

nu-di-té	dé-nou-é
cou-ron-né	vé-gé-tal
a-bon-né	pen-du-le
mem-bra-neux	pan-ta-lon
gan-gre-né	ba-la-din
en-chaî-né	pa-la-tin
pro-fa-né	a-ni-mal
fa-ri-neux	fé-o-dal
tri-bu-nal	vo-lup-té
con-dam-né	pe-lo-ton
al-ma-nach	dé-fi-lé
bou-ton-né	Al-le-mand
ca-bi-net	dé-col-lé
ca-de-nas	em-bal-lé
com-bi-ner	dis-til-ler
cou-ron-ne	ins-tal-ler
dé-cli-né	car-na-val

VIIe Classe. — Vocabulaire.

si-gna-lé	or-to-lan
ca-pi-tal	ta-ma-rin
con-ju-gal	mi-né-ral
gut-tu-ral	mor-fon-du
é-pa-gneul	o-pé-ra
af-fu-blé	pro-bi-té
é-toi-lé	pro-pre-té
dé-ci-mal	ar-ti-mon
vi-ci-nal	re-ve-nu
ca-ba-le	pé-le-rin
car-di-nal	tam-bou-rin
cri-mi-nel	a-mi-ral
dé-mo-li	car-na-val
é-bran-ler	nu-mé-ro
scan-da-le	vé-ri-té
scru-pu-le	a-vor-ton
é-dre-don	por-ta-tif

VIIᵉ Classe. — Vocabulaire.

sou-ve-nir	dé-cla-ré
é-ten-dard	dé-cla-rant
é-pi-nard	dé-plo-rer
bou-le-vard	dif-fé-rer
mé-tri-que	dou-lou-reux
hec-ta-re	res-pi-rer
ad-mi-rer	ins-pi-rer
ar-mu-re	i-voi-re
at-ti-rer	se-cou-rant
aus-tè-re	se-cou-rir
car-re-four	sé-pa-ré
car-ros-se	ser-ru-re
col-por-teur	ton-ner-re
com-pa-ré	tra-dui-re
cor-ri-gé	vic-toi-re
cor-rom-pu	Lo-yo-la
dan-ge-reux	Ba-yon-ne

VIIe Classe. — Vocabulaire.

ça-ril-lon

ai-guil-lon

pa-vil-lon

pos-til-lon

ver-mil-lon

ba-tail-lon

tra-vail-leur

mé-dail-lon

é-van-tail

gou-ver-nail

at-ti-rail

é-cu-reuil

a-beil-le

ap-pa-reil

ai-guil-le

an-guil-le

as-sail-lir

ba-lay-é

bâil-le-ment

bar-bouil-ler

bou-teil-le

bril-lan-te

ça-ril-lon

con-seil-lé

cor-beil-le

dé-pouil-ler

é-cail-le

ré-veil-lé

ri-mail-leur

fer-rail-leur

ro-cail-le

rouil-liè-re

roy-au-me

san-gli-er

VIIe Classe. — Vocabulaire.

som-meil-ler	ros-si-gnol
tour-bil-lon	sou-li-gner
tra-vail-ler	Ma-za-rin
voy-a-geur	a-zu-ré
di-gni-té	é-cra-sé
i-gno-rant	ar-ro-sé
A-vi-gnon	Zoul-fi-car
vi-gne-ron	pe-lou-ze
lu-mi-gnon	ai-gui-ser
i-gno-ré	ar-ro-ser
en-sei-gné	ar-ro-soir
con-si-gné	com-po-sé
in-di-gné	cour-ti-san
a-li-gné	u-si-té
é-loi-gné	sa-me-di
mon-ta-gneux	sur-di-té
chà-tai-gne	cor-rec-tif

VIIe Classe. — Vocabulaire.

ar-se-nal
som-mi-té
vé-tus-té
tour-ne-sol
rem-bour-sé
es-quis-sé
tra-ver-sé
a-bais-ser
ab-sen-ce
ac-ti-on
al-tes-se
an-non-cé
ar-bris-seau
au-da-ce
ba-lan-ce
cen-su-re
com-men-cé

cour-rou-cé
dé-fen-seur
dé-pen-sé
dé-plis-ser
dis-pen-ser
dis-si-pé
é-clair-ci
rem-bour-sé
res-sen-tir
ri-ches-se
rous-sâ-tre
ru-gis-sant
sai-sis-sant
sen-si-ble
sen-ten-ce
si-len-ce
sin-cè-re

VIIᵉ Classe. — Vocabulaire.

i-vres-se
subs-tan-tif
suc-ces-seur
sur-pas-ser
ju-bi-lé
Ju-vé-nal
ab-ju-ré
cou-ra-geux
gé-né-ral
dé-ran-gé
nau-fra-gé
o-ran-ger
a-bré-gé
af-fli-gé
en-gor-gé
ar-ran-gé
as-per-ge

au-ber-ge
bou-lan-ger
dé-ga-gé
dé-ran-ger
é-chan-ger
ré-di-gé
rou-geà-tre
sau-va-ge
sou-la-gé
sur-char-gé
u-sa-ge
vil-la-ge
cham-pi-gnon
char-la-tan
cha-ri-té
ché-ru-bin
chas-te-té

VIIe Classe. — Vocabulaire.

dé-bou-ché
é-che-vin
mou-che-té
par-che-min
ma-chi-nal
ma-ré-chal
sé-né-chal
é-che-lon
che-ve-lu
ar-ra-ché
é-cor-ché
é-plu-ché
ac-cro-ché
dé-ta-ché
dé-fri-ché
ar-ti-chaut
at-ta-che

cha-gri-né
cham-bel-lan
chan-ce-ler
chan-del-le
chi-ca-ner
chi-fon-né
cho-co-lat
dé-bau-ché
dé-chaî-né
dé-char-ger
dé-pê-ché
des-sé-ché
ré-flé-chir
in-tri-gant
i-né-gal
gar-de-fou
ma-dri-gal

VIIe Classe. — Vocabulaire.

in-di-go	a-lam-bic
ou-ra-gan	ar-se-nic
gra-vi-té	ca-pi-tan
pu-ber-té	cor-mo-ran
Lan-gue-doc	a-ca-jou
ag-gra-vant	mé-di-cal
ar-ro-gant	mo-na-cal
con-ju-guer	con-ju-ré
dé-ré-gler	pro-nos-tic
re-gar-der	ar-chi-duc
sar-cas-me	ca-pu-chon
ex-emp-té	pé-li-can
ex-a-men	cor-ni-chon
ex-is-tant	ca-po-ral
ex-i-ger	car-di-nal
ex-i-geant	ra-di-cal
ex-i-gu	car-ra-fon

VIIe Classe. — Vocabulaire.

co-li-bri	con-san-guin
ca-vi-té	gué-ri-don
cru-di-té	fa-ti-gué
qua-li-té	in-tri-gant
quan-ti-té	a-guer-ri
quo-ti-té	fi-gu-ré
quar-te-ron	con-ti-gu
qua-dru-pler	am-bi-gu
ac-ca-blé	car-gai-son
ac-com-plir	dis-tin-gué
af-fais-sé	se-rin-gue
cin-quan-te	a-qui-lin
con-com-bre	bal-da-quin
con-duc-teur	bro-de-quin
dé-cam-per	quin-qui-na
se-cou-er	é-qui-té
Bour-gui-gnon	fa-cul-té

VIIe Classe. — Vocabulaire.

cu-ra-tif

Cu-pi-don

at-ta-qué

pra-ti-qué

per-ru-quier

dé-fal-qué

re-mar-qué

fa-bri-cant

ab-di-qué

an-ti-que

pu-di-que

at-ta-que

bou-ti-que

can-ti-que

com-pli-qué

dé-mar-qué

rus-ti-que

sphé-ri-que

tra-gi-que

va-can-ce

em-bar-qué

ac-quit-té

ac-qué-reur

op-ti-que

co-mi-que

A-fri-que

co-li-que

é-ti-que

i-ni-que

ac-qué-rir

VIIIᵉ Classe. — Vocabulaire.

ab-ba-ti-al
syl-la-bi-que
a-ra-bi-que
pro-ver-bi-al
la-bo-ri-eux
ap-par-te-ment
ap-par-te-nant
ap-pré-hen-der
ap-poin-te-ment
ho-ros-co-pe
mi-cros-co-pe
té-les-co-pe
en-ve-lop-pé
dé-ve-lop-pé
o-li-vi-er
im-pé-ra-tif
phé-no-mè-ne
phi-lo-so-pher
no-mi-na-tif
in-di-ca-tif
no-ti-fi-er

mé-mo-ri-al
com-man-de-ment
com-mo-di-té
com-mu-ni-quer
a-no-ny-me
as-tro-no-me
é-co-no-me
bi-tu-mi-neux
a-mer-tu-me
in-di-vi-du
es-ca-la-dé
con-so-li-dé
ac-com-mo-dant
per-su-a-der
ré-tro-gra-der
ré-pri-man-der
a-vi-di-té
ti-mi-di-té
thé-o-lo-gal
ca-la-mi-té
pré-mé-di-té

VIIIe Classe. — Vocabulaire.

ins-tru-men-tal

in-té-gri-té

in-ten-ti-on

li-bé-ra-teur

ma-tu-ri-té

mo-dé-ra-teur

mul-ti-pli-er

na-ti-vi-té

neu-tra-li-té

nu-mé-ra-teur

ob-ser-va-teur

per-sé-cu-teur

pré-di-ca-teur

in-fi-ni-té

hu-ma-ni-té

in-for-tu-né

lim-pi-di-té

fa-ta-li-té

fu-ti-li-té

mo-bi-li-té

fi-dé-li-té

u-ti-li-té

to-ta-li-té

o-ri-gi-nal

a-ri-di-té

ra-pi-di-té

bru-ta-li-té

for-ma-li-té

fri-vo-li-té

in-fir-mi-té

mo-ra-li-té

tem-pé-ra-ment

ma-dré-po-re

pré-pa-ra-tif

mi-no-ri-té

mor-ta-li-té

té-mé-ri-té

ri-va-li-té

plu-ra-li-té

pro-pri-é-té

ur-ba-ni-té

dé-ci-mè-tre

VIIIᵉ Classe. — Vocabulaire.

cen-ti-mè-tre	pos-té-ri-té
ba-yon-net-te	sa-lu-bri-té
ba-ya-dè-re	sé-ré-ni-té
é-pou-van-tail	stu-pi-di-té
in-di-gni-té	sé-vé-ri-té
ma-li-gni-té	in-ven-ti-on
ac-com-pa-gné	mé-chan-ce-té
é-gra-ti-gné	men-di-ci-té
zo-di-a-cal	ma-jo-ri-té
Mon-té-zu-ma	gé-la-ti-neux
zi-za-ni-e	gé-mis-se-ment
Zé-no-bi-e	fra-gi-li-té
zo-o-phy-te	pro-di-gi-eux
pros-pé-ri-té	li-ti-gi-eux
op-pres-si-on	dé-cou-ra-gé
so-bri-é-té	é-che-ve-lé
ab-sur-di-té	es-car-mou-cher
so-li-di-té	é-ga-li-té
sta-bi-li-té	in-té-gri-té
sté-ri-li-té	di-a-go-nal
sub-ti-li-té	fru-ga-li-té

VIIIe Classe. — Vocabulaire.

ag-glu-ti-né
é-pi-lo-gueur
ex-emp-ti-on
ex-ha-lai-son
ex-é-cu-ter
ex-or-bi-tant
ex-as-pé-ré
ex-ter-mi-né
s'ex-pa-tri-er
é-pis-co-pal
con-for-mi-té
ac-ti-vi-té
ca-li-four-chon
bé-né-dic-tin
pa-tri-ar-chal
cap-ti-vi-té
con-ca-vi-té

fé-con-di-té
oc-ca-si-on
oc-ci-den-tal
ho-mo-lo-gué
con-ju-gai-son
fi-gu-ra-tif
dé-gus-ta-teur
an-ti-qui-té
cu-pi-di-té
con-sé-cu-tif
dif-fi-cul-té
i-ni-qui-té
ar-ti-cu-lé
spé-cu-la-tif
com-mu-ni-qué
pro-nos-ti-qué

VIIIe Classe. — Vocabulaire.

a-bo-mi-na-ble
bi-bli-o-thè-que
fa-vo-ra-ble-ment
pré-ju-di-ci-a-ble
com-po-si-ti-on
phi-lan-tro-pi-que
ty-po-gra-phi-e
ta-chy-gra-phi-e
ef-fec-ti-ve-ment
mi-sé-ra-ble-ment
rac-com-mo-da-ge
in-di-vi-du-a-li-té
ad-mi-ra-ti-on
an-ta-go-nis-te
as-tro-no-m-ie
at-ten-ti-ve-ment
ca-lom-ni-a-teur
com-mu-ni-ca-tif
ex-pé-ri-men-té
fré-quen-ta-ti-on
mul-ti-pli-ca-ti-on

gros-si-è-re-té
pré-mé-di-ta-ti-on
i-nu-ti-li-té
Cons-tan-ti-no-ple
u-na-ni-mi-té
dé-no-mi-na-teur
dic-ti-on-nai-re
do-mi-na-ti-on
vo-lu-bi-li-té
a-ma-bi-li-té
fé-o-da-li-té
a-mo-vi-bi-li-té
di-la-ta-bi-li-té
in-a-mo-vi-bi-li-té
al-té-ra-ti-on
ex-pli-ca-ti-on
lon-gi-tu-di-nal
di-a-go-na-le-ment
in-tré-pi-di-té
im-por-tu-ni-té
li-bé-ra-li-té

VIIIe Classe. — Vocabulaire.

mé-ri-di-o-nal
pro-ba-bi-li-té
fa-mi-li-a-ri-té
o-ri-gi-nai-re
or-di-nai-re-ment
ma-gna-ni-mi-té
i-gno-mi-ni-eux
cu-ri-eu-se-ment
dé-ci-si-ve-ment
dé-sa-gré-a-ble
ex-a-mi-na-teur
fruc-tu-eu-se-ment
gé-né-reu-se-ment
dé-sor-ga-ni-ser
pré-ci-eu-se-ment
ad-mi-nis-tra-tif
in-si-pi-di-té
in-sol-va-bi-li-té
spi-ri-tu-a-li-té
su-pé-ri-o-ri-té
ab-so-lu-ti-on

am-bas-sa-dri-ce
ar-ti-fi-ci-eux
cé-ré-mo-ni-eux
chris-ti-a-nis-me
cir-con-fé-ren-ce
cir-cons-pec-ti-on
com-pré-hen-si-on
con-gré-ga-ti-on
con-so-la-ti-on
dé-cla-ra-ti-on
dé-li-ca-tes-se
dé-sin-té-res-sé
di-ver-tis-se-ment
é-bul-li-ti-on
é-lar-gis-se-ment
ex-pé-ri-en-ce
né-go-ci-a-ti-on
clas-si-fi-ca-ti-on
mor-ti-fi-ca-ti-on
ob-ser-va-ti-on
obs-ti-na-ti-on

VIIIe Classe. — Vocabulaire.

per-fec-ti-on-ner	ex-é-cu-ti-on
per-sé-cu-ti-on	ex-tra-or-di-nai-re
im-po-li-tes-se	ponc-tu-a-li-té
mo-di-fi-ca-ti-on	bé-né-dic-ti-on
res-tau-ra-ti-on	oc-ca-si-on-ner
in-dis-cré-ti-on	ré-gu-la-ri-té
in-suf-fi-san-ce	sin-gu-la-ri-té
in-cor-ri-gi-bi-li-té	con-ti-gu-ï-té
gé-né-ra-le-ment	am-bi-gu-ï-té
nu-mé-ro-ta-ge	pro-di-ga-li-té
cha-ri-ta-ble-ment	ir-ré-gu-la-ri-té
pro-di-ga-li-té	cu-ri-o-si-té
lon-ga-ni-mi-té	ac-qui-si-ti-on
ex-tra-va-gan-ce	al-lé-go-ri-que
ex-cla-ma-ti-on	as-tro-no-mi-que
ex-com-mu-ni-é	i-nar-ti-cu-lé

con-ve-na-ble-ment
com-pré-hen-si-ble
in-nom-bra-ble-ment
rai-son-na-ble-ment
pro-por-ti-on-nel-le-ment

VIIIᵉ Classe. — Vocabulaire.

re-com-man-da-ti-on
gram-ma-ti-ca-le-ment
ma-li-ci-eu-se-ment
au-then-ti-que-ment
em-poi-son-ne ment
spi-ri-tu-el-le-ment
im-pé-né-tra-bi-li-té
dou-lou-reu-se-ment
mer-veil-leu-se-ment
la-bo-ri-eu-se-ment
mys-té-ri-eu-se-ment
dé-sa-van-ta-geu-se-ment
per-ni-ci-eu-se-ment
ap-pro-vi-si-on-ne-ment
en-dur-cis-se-ment
né-ces-sai-re-ment
in-com-pa-ti-bi-li-té
in-cor-rup-ti-bi-li-té
ac-com-plis-se-ment
clan-des-ti-ne-ment
ex-com-mu-ni-ca-ti-on

Vᵉ Classe. — Sentences , Proverbes.

1. Il n'y a qu'un seul Dieu.

2. C'est Dieu qui a fait tout ce qui est.

3. Dieu dit : Que le jour soit fait, et le jour fut fait.

4. C'est de Dieu que je tiens tout ce que j'ai.

5. Dieu a l'œil en tous lieux, il voit dans tous les cœurs.

6. Ne fais point le mal, mais fais le bien.

7. Sois bon, et ne fais point de cas du mal que l'on dit de toi.

8. Ne dis que ce que tu sais.

9. Ne vois que les gens de bien.

10. Plus on est sot, plus on est vain.

11. On se tient où l'on est bien. —Un fou ne sait où il va.

12. Qui fait le plus fait le moins.

Vᵉ Classe. — Sentences, Proverbes.

1. Qui ne sait pas le prix du temps, sait bien peu.

2. Rien n'est beau que le vrai.

3. Qui n'a point de mal, a trop de bien.

4. La peur a bon pas. — Bats le fer quand il est chaud.

5. Pas à pas, on va fort loin.

6. Le jour n'est pas plus pur que le fond de mon cœur.

7. Si je fais ce que je peux, je fais ce que je dois.

8. Qui don-ne vî-te don-ne deux fois.

9. Tant vaut l'hom-me, tant vaut la ter-re.

10. N'est pas sa-ge qui n'a peur d'un fou.

11. Un fou ne peut se tai-re.

Vᵉ Classe. — Sentences, Proverbes.

1. Tel-le vie, tel-le fin.

2. Ne fais pas à un au-tre ce que tu ne veux pas qu'il te fas-se.

3. Qui ne se las-se point, vient à bout de tout.

4. Qui ne dou-te de rien, ne sait rien.

5. Qui est bien, qu'il s'y tien-ne.

6. Ce qui plaît à l'un, nuit à l'au-tre.

7. La vai-ne gloi-re a des fleurs et n'a point de fruits.

8. Ne dis rien d'un au-tre que tu ne sois prêt à lui di-re en fa-ce.

9. Tu vois u-ne pail-le qui est dans l'œil de ton frè-re; mais tu ne vois pas la pou-tre qui est dans ton œil.

10. Il n'est rien tel que l'œil du maî-tre.

Vᵉ Classe. — Sentences, Proverbes.

1. Il faut pren-dre le temps com-me il vient.

2. Les loups ne se man-gent pas.

3. Là où il n'y a pas de chats, les rats dan-sent.

4. Qui comp-te sans son hô-te, comp-te deux fois.

5. Bon chien chas-se de ra-ce.

6. Qui cas-se les ver-res, les paye.

7. La faim chas-se le loup du bois.

8. Qui m'ai-me, ai-me mon chien.

9. Qui lan-gue a, à Rome va.

10. Un coup de lan-gue est pi-re qu'un coup de lan-ce.

11. On ne fait pas boi-re un â-ne s'il n'a soif.

12. Com-me on fait son lit, on se cou-che.

Ve Classe. — Sentences, Proverbes.

1. Il n'y a pas de pi-re eau que cel-le qui dort.

2. C'est au fond du pot qu'on trou-ve le marc.

3. Qui dort dî-ne.

4. Quand on sait ce qu'en vaut l'au-ne, on y met le prix.

5. L'œil du maî-tre fait plus que ses deux mains.

6. Un clou chas-se l'au-tre.

7. Il ne faut pas ven-dre la peau de l'ours, qu'on ne l'ait pris.

8. C'est le pot de ter-re con-tre le pot de fer.

9. Qui dort long-temps, ne se-ra jamais savant.

10. N'at-tends ja-mais que ton a-mi fas-se ce que tu peux fai-re toi-mê-me.

Ve Classe. —Sentences, Proverbes.

1. A mau-vais che-min dou-ble le pas.

2. Les pre-miers à ta-ble sont les der-niers au tra-vail.

3. Ne joue ja-mais ni a-vec l'œil ni a-vec le feu.

4. Si tu fais du mal, at-tends du mal.

5. Qui n'a pas vou-lu quand il a pu, ne pour-ra pas quand il vou-dra.

6. Qui ne sait guè-re, a bien-tôt dit tout ce qu'il sait.

7. Il vaut mieux se tai-re que de par-ler mal.

8. Par-ler sans pen-ser, c'est ti-rer sans vi-ser.

9. Qui se ré-sout à la hâ-te, se re-pent à loi-sir.

Vᵉ Classe. — Sentences, Proverbes.

1. Peu man-ger et peu par-ler, ne fit ja-mais de mal.

2. Si tu veux ê-tre bien ser-vi, sers-toi toi-même.

3. Qui est méchant chez soi, est mé-chant par-tout.

4. Dis-moi qui tu han-tes, je te di-rai qui tu es.

5. Il ne faut pas ju-ger des gens sur la mi-ne.

6. Les hon-neurs chan-gent les mœurs.

7. Point d'ef-fet sans cau-se.

8. Pro-mets peu, et tiens-le.

9. A tous sei-gneurs, tous hon-neurs.

10. Que cha-cun par-le de ce qu'il sait.

11. Au nou-veau, tout est beau.

Vᵉ Classe. — Sentences , Proverbes.

1. Plus on a, plus on veut a-voir.

2. A quel-que chose mal-heur est bon.

3. Han-te les bons, et tu se-ras bon.

4. Ap-prends avec pei-ne, et tu sau-ras a-vec plai-sir.

5. Qui ne sait pas souf-frir, ne sait pas vi-vre.

6. Qui fait mal, craint tou-jours.

7. Les dia-mans ont leur prix ; mais un bon con-seil n'a pas de prix.

8. Qui veut qu'on par-le bien de lui, ne doit point mal par-ler des au-tres.

9. Tu par-les mal des au-tres ; tu ne crains donc pas le mal qu'ils di-ront de toi.

10. Par-ler beau-coup, n'est pas u-ne mar-que d'es-prit.

Vᵉ Classe. — Sentences, Proverbes.

1. Ne fais pas toi-même ce qui te dé-plaît dans les au-tres.

2. Soyez mu-et quand vous don-nez, et par-lez quand on vous don-ne.

3. Les bons comp - tes font les bons a-mis.

4. Vaut mieux tard que ja-mais.

5. Le sa-ge en-tend à de-mi mot.

6. Qui ne dit mot con-sent.

7. Mets-toi a-vec les bons , et tu se-ras bon.

8. Con-nais-toi toi-mê-me. — Tel maî-tre, tel va-let.

9. Un mal-heur ne vient ja-mais seul.

10. Sou-vent la peur d'un mal vous jet-te dans un pi-re.

11. Ne han-te pas les mé-chans ; bois , man-ge et dors a-vec les bons.

Vᵉ Classe. — Sentences, Proverbes.

1. On a sou-vent be-soin d'un plus pe-tit que soi.

2. Les É-tats se fon-dent sur les lois, et les lois sur les mœurs.

3. Al-lez moins vi-te, vous au-rez plus-tôt fait.

4. Un mé-tier vaut un fonds de ter-re.

5. Est as-sez ri-che qui ne doit rien.

6. Fai-tes bien, et lais-sez dire.

7. Qui a bon voi-sin, a bon ma-tin.

8. Ne te hâ-te ni de fai-re des a-mis nouveaux, ni de quit-ter ceux que tu as.

9. On se re-pend d'a-voir par-lé, ja-mais de s'ê-tre tu.

10. A-vant d'a-gir, pen-se à ce que tu vas faire.

11. Un bien-fait n'est ja-mais per-du.

Vᵉ Classe. — Sentences., Proverbes.

1. On ap-prend tous les jours quel-que cho-se.

2. Ne cher-che point par la for-ce ce que tu peux a-voir de gré.

3. Le fruit du tra-vail est le plus doux des plai-sirs.

4. Au-cun n'est con-tent de son sort.

5. Lais-sez di-re les sots, le sa-voir a son prix.

6. Ne mens pas : on ne croit pas le men-teur, mê-me quand il dit vrai.

7. A for-ce de pren-dre dans la cais-se, sans y rien met-tre, on fi-nit par en trou-ver le fond.

8. Il n'y a point de pro-fit sans pei-ne.

9. Il se faut gar-der des gens qui n'ont rien à per-dre.

Ve Classe. — Sentences , Proverbes.

1. Il y a des gens qui croi-ent, quand il fait jour , qu'il ne fe-ra ja-mais nuit; et , quand ils sont ri-ches , qu'ils ne se-ront ja-mais pau-vres.

2. Il vaut mieux per-dre que de fai-re un gain hon-teux.

3. Dé-fends ton a-mi ab-sent.

4. Pour trou-ver le bien , il faut le cher-cher.

5. D'un seul coup ne s'a-bat pas un chê-ne.

6. Qui a son toit de ver-re , ne doit pas je-ter des pier-res sur ce-lui de son voi-sin.

7. Tous les che-mins vont à Ro-me.

8. Tout ce qui re-luit n'est pas or.

9. A chaque oi-seau son nid sem-ble beau.

10. Ne mets pas tous tes œufs dans un pa-nier.

Vᵉ Classe. — Sentences, Proverbes.

1. Il faut gar-der u-ne pom-me pour la soif.

2. Les ton-neaux vi-des sont ceux qui font le plus de bruit.

3. Ce qui est doux à la bou-che, est a-mer au cœur.

4. Il ne faut pas par-ler de cor-de dans la mai-son d'un pen-du.

5. L'eau qui tom-be gout-te à gout-te, fi-nit par ron-ger la pier-re.

6. Le so-leil du ma-tin ne du-re pas tou-jours.

7. Le so-leil luit pour tout le mon-de.

8. Qui n'en-tend qu'u-ne clo-che, n'en-tend qu'un son.

9. Ce n'est pas le tout de cou-rir, il faut par-tir de bon-ne heu-re.

10. Jeux de main, jeux de vi-lain.

Vᵉ Classe. — Sentences, Proverbes.

1. Marchand qui perd ne peut rire.

2. Petit à petit l'oiseau fait son nid.

3. L'œil du fermier vaut du fumier.

4. Il n'y a point de sot métier, il n'y a que de sottes gens.

5. Il faut casser la noix pour manger le noyau.

6. Souvent il pleut et fait soleil en même temps.

7. Il ne faut qu'avoir du miel, les mouches viennent bientôt.

8. Il est bon d'avoir deux cordes à son arc.

9. Nul ne sait où le soulier blesse, comme celui qui le porte.

10. Si on te donne la vache, cours-y vîte avec la corde.

Vᵉ Classe. — Sentences, Proverbes.

1. Ne jetez pas les perles devant les pourceaux.

2. Il ne faut pas clocher devant les boiteux.

3. Il ne faut pas courir deux lièvres à la fois.

4. Il vaut autant jeter l'arbre au feu que de le changer de place.

5. Il n'est si bon cheval qui ne bronche.

6. Il n'y a si petit buisson qui ne porte ombre.

7. Trop gratter cuit, trop parler nuit.

8. Après la pluie, vient le beau temps.

9. Il ne faut pas craindre de donner un œuf pour avoir un bœuf.

Vᵉ Classe. — Sentences, Proverbes.

1. Il vaut mieux suer que trembler.

2. Quand le puits est à sec, on connaît le prix de l'eau.

3. A chemin battu, il ne croît point d'herbe.

4. On ne laisse pas de semer, quoiqu'on craigne les pigeons.

5. Il n'y a que le premier pas qui coûte.

6. Un bon arbre porte de bons fruits, et un mauvais arbre produit de mauvais fruits.

7. Se servir de la patte du chat pour tirer les marrons du feu.

8. Se cacher dans l'eau de peur de la pluie.

VIᵉ Classe.—Sentences, Proverbes.

1. Fais ce que tu dois, arrive qui peut.

2. Ceux qui se ressemblent s'assemblent.

3. Il y a remède à tout, hors à la mort.

4. On ne s'avise jamais de tout.

5. Mieux vaut douceur que violence.

6. Consulte-toi avant d'agir.

7. Selon ta bourse gouverne ta bouche.

8. Langue de muet est meilleure que langue de menteur.

9. Évite de faire ce qui excite l'envie.

10. Les jours se suivent, mais ils ne se ressemblent pas.

11. A qui veut mal, mal arrive.

12. Tous songes sont mensonges.

VIᵉ Classe. — Sentences, Proverbes.

1. Toute peine mérite salaire.

2. Il faut faire contre fortune bon cœur.

3. L'homme propose, Dieu dispose.

4. Tous les vrais plaisirs de l'homme sont à sa portée.

5. La peur conseille toujours très-mal.

6. Quand le sage ouvre la bouche, approche l'oreille.

7. Bien mal acquis ne profite jamais.

8. Un sot trouve toujours un plus sot qui l'admire.

9. Le temps perdu ne se retrouve jamais.

10. Tel menace qui tremble.

11. Nul n'est prophète dans son pays.

VIe Classe. — Sentences, Proverbes.

1. L'avare ne fait du bien qu'après sa mort.

2. Ce n'est pas tout de promettre, il faut tenir.

3. L'exemple touche plus que la parole.

4. Il faut vaincre l'envie par la vertu.

5. Si ton frère t'offense, reprends-le : s'il se repent, pardonne-lui.

6. N'éveille pas le chat qui dort.

7. Chacun son métier, les vaches sont bien gardées.

8. Il ne faut pas mettre la charrue devant les bœufs.

9. On ne doit pas brûler la chandelle par les deux bouts.

10. On mesure les autres à son aune.

11. Petite pluie abat grand vent.

12. Il ne faut pas que Gros Jean remontre à son curé.

VIᵉ. Classe. — Sentences, Proverbes.

1. On troque souvent son cheval borgne contre un aveugle.

2. Il n'y a point de feu sans fumée.

3. Il ne faut pas mettre le doigt entre l'écorce et le bois, ou entre l'enclume et le marteau.

4. Brebis galeuse gâte tout un troupeau.

5. Mauvaise herbe croît toujours.

6. Il ne faut pas que les petits bateaux s'éloignent du rivage.

7. Chien qui aboie ne mord pas.

8. Jamais bon chien n'aboie à faux.

9. ¶L'abeille ne ferait pas tant de miel si elle était seule.

10. Ne tuons point la poule, parce qu'elle a la pépie.

11. Beaucoup de petits coups abattent de grands chênes.

VIᵉ Classe. — Sentences, Proverbes.

1. De bon vin, bon vinaigre.

2. On prend le bœuf par les cornes, et l'homme par des paroles.

3. Ce n'est pas avec du vinaigre que l'on attrape les mouches.

4. Les petits ruisseaux font les grandes rivières.

5. Il faut attendre que la poire soit mûre pour la cueillir.

6. Ne remets pas à demain le bien que tu peux faire aujourd'hui.

7. Les cornes sont la défense du taureau, l'aiguillon celle de l'abeille, la raison celle de l'homme.

8. De deux maux il faut éviter le pire.

9. Qui paye ses dettes s'enrichit.

10. Ne cherche pas l'ami qui te loue, mais celui qui t'avertit de tes fautes.

VIe Classe. — Sentences, Proverbes.

1. Toutes vérités ne sont pas bonnes à dire.

2. S'arrêter dans le mal est une sorte de retour à la vertu.

3. Sois indulgent pour ton ami.

4. Chacun est l'artisan de sa fortune.

5. Si vous n'écoutez pas la raison, elle ne manquera pas de se faire sentir.

6. Il ne faut jamais quitter le certain pour l'incertain.

7. Il n'y a point de petit ennemi.

8. Qui bien fera, bien trouvera.

9. Il faut vouloir ce qu'on ne peut empêcher.

10. Ne vous contentez pas de louer les gens de bien ; imitez-les.

VIᵉ Classe. — Sentences, Proverbes.

1. Tel qui rit vendredi, dimanche pleurera.

2. Qui s'attend au hasard n'est pas trop assuré de dìner.

3. Ce qui est différé n'est pas perdu.

4. Mieux vaut sage ennemi qu'un imprudent ami.

5. Le crime est quelquefois en sùreté; jamais il n'est tranquille.

6. La première faute est de s'endetter; la seconde est de mentir.

7. A l'œuvre on reconnaît l'ouvrier.

8. Le temps est un grand médecin.

9. Un bienfait reproché n'est pour rien compté.

10. Crains Dieu; honore tes parens; chéris tes amis; obéis aux lois

11. Cordonnier, mêlez-vous de vos souliers.

VIᵉ Classe. — Sentences, Proverbes.

1. Il n'est si bon charretier qui ne verse.

2. Faute d'un clou, le cheval perd son fer; faute d'un fer, on perd le cheval; et faute d'un cheval, le cavalier est perdu.

3. Le cordonnier est souvent le plus mal chaussé.

4. Quand on s'est fourvoyé, plus on avance, plus on s'égare.

5. On ne peut manger à deux râteliers.

6. A forger on devient forgeron.

7. L'appétit vient en mangeant.

8. Ventre affamé n'a pas d'oreilles.

9. A cheval donné, on ne regarde pas à la bride.

10. Pour mauvais ouvriers il n'est pas de bons outils.

VIᵉ Classe. —Sentences, Proverbes.

1. Chat échaudé craint l'eau froide.

2. Chose bien commencée est à moitié faite.

3. L'avarice est le châtiment du riche.

4. Il n'y a pas de maladie plus dangereuse que le manque de bon sens.

5. L'habitude est une seconde nature.

6. Abondance de bien ne nuit pas.

7. A l'impossible nul n'est tenu.

8. Bonne renommée vaut mieux que ceinture dorée.

9. On n'a jamais bon marché de mauvaise marchandise.

10. Il ne faut qu'une étincelle pour allumer un grand incendie.

VIe Classe. — Sentences, Proverbes.

1. Là où la chèvre est attachée, il faut qu'elle broute.

2. Qui trop s'aventure perd cheval et mule.

3. Une hirondelle ne fait pas le printemps.

4. Pauvre sans patience, lampe sans huile.

5. En toute chose, il faut considérer la fin.

6. Contentement passe richesse.

7. Oisiveté, mère de tous les vices.

8. Le véritable ami se reconnaît dans l'adversité.

9. La nécessité est la mère de l'industrie.

10. Nul n'est parfaitement heureux.

11. Homme sans éducation, corps sans âme.

VIᵉ Classe. — Sentences, Proverbes.

1. Un mauvais accommodement vaut mieux qu'un bon procès.

2. DIEU dit à l'homme : Aide toi, je t'aiderai.

3. L'oisiveté amène l'ennui avec elle, et raccourcit sensiblement la durée de la vie.

4. L'oisiveté ressemble à la rouille; elle use beaucoup plus que le travail: la clef dont on se sert est toujours claire.

5. Le paresseux est toujours pauvre; car le renard qui s'endort ne prend pas de poules.

6. Si le temps est le plus précieux des biens, la perte du temps doit être aussi la plus grande des pertes.

7. La faim regarde la porte de l'homme laborieux, mais n'y entre pas.

VIᵉ Classe. — Sentences, Proverbes.

1. Moyennant l'activité, on fait beaucoup avec peu de peine.

2. L'oisiveté rend tout difficile ; l'industrie rend tout aisé.

3. La paresse va si lentement, que la pauvreté l'atteint tout d'un coup.

4. Se coucher de bonne heure et se lever matin sont les deux meilleurs moyens de conserver sa santé et sa fortune.

5. Le paresseux qui vit d'espérance, court risque de mourir de faim.

6. L'industrie paie les dettes, et le découragement les augmente.

7. Toute profession honnête réunit l'honneur et le profit.

8. La vigilance est la mère de la prospérité.

9. Dieu ne refuse rien à l'industrie.

www.ingramcontent.com/pod-product-compliance
Lightning Source LLC
Chambersburg PA
CBHW071801090426
42737CB00012B/1904